THÉATRE DU VAUDEVILLE.

LE BARON DE CASTEL-SARRAZIN

COMÉDIE-VAUDEVILLE EN UN ACTE

PAR MM. CLAIRVILLE, SAINT-YVES ET DE LÉRIS

Représentée pour la première fois, à Paris, sur le théâtre du VAUDEVILLE, le 8 Janvier 1849.

Prix : 50 centimes.

PARIS
BECK, LIBRAIRE
RUE GIT-LE-COEUR, 12
TRESSE, successeur de J.-N. BARBA, Palais-National.

1848

LE BARON DE CASTEL-SARRAZIN

COMÉDIE-VAUDEVILLE EN UN ACTE,

PAR MM. CLAIRVILLE, SAINT-YVES ET DE LÉRIS,

Représentée pour la première fois, à Paris, sur le théâtre du VAUDEVILLE, le 8 Janvier 1849.

PERSONNAGES.	ACTEURS.
LE BARON DE CASTEL-SARRAZIN	M. BERNARD-LÉON.
LA BARONNE	Mme DELISLE.
CELINE, leur nièce	Mlle RENAUD.
LE COMTE DIDIER DE VARINVILLE	MM. MONTALANT *.
LE CHEVALIER HORACE DE BOUGIVAL	LECOURT.
DOMINIQUE, domestique du baron	CAMIADE.
UN EXEMPT	ROGER.
DEUX VALETS	
UN PALEFRENIER	
UN MEUNIER	
DEUX GARDES	

Le personnage de Didier appartient à l'emploi des jeunes-premiers-rôles, et celui d'Horace à l'emploi des premiers-comiques

La scène se passe au château du baron, sous le règne de Louis XV.

NOTA. Les indications de droite et de gauche sont prises de la salle.

S'adresser pour la musique, à M. TARANNE, bibliothécaire au Vaudeville.

L'intérieur d'un élégant pavillon, ouvrant au fond sur une terrasse du parc. A droite, une porte conduisant aux appartements du baron, au premier plan, une cheminée; à gauche, une fenêtre, et au premier plan, la porte de la chambre de Céline. A droite, une table avec tout ce qu'il faut pour écrire, des fauteuils.

SCENE PREMIERE.

LE BARON, LA BARONNE, CÉLINE.

(*Au lever du rideau Céline est debout près de la fenêtre. La Baronne est assise à droite. Le Baron se promène avec impatience.*)

LE BARON, *s'arrêtant et tirant sa montre* *. C'est inconcevable... déjà cinq heures... décidément, ma chère nièce, vous en serez pour vos frais de toilette. Il ne viendra pas encore aujourd'hui.

LA BARONNE, *à part.* Ah! je respire!

CÉLINE, *avec un soupir.* Il se fait bien attendre.

LE BARON. Je n'en reviens pas... Si c'était un mari comme un autre!.. mais un mari qui n'a pas exercé... Ah! s'il avait exercé!..

LA BARONNE, *piquée.* Plaît-il, Monsieur?

LE BARON. Je ne fais aucune allusion, Baronne... par la mordieu!.. vous savez bien que je vous rends justice, et que je suis loin de vous confondre avec toutes ces pécores de province parmi lesquelles nous végétons depuis la mort du feu roi... J'apprécie comme il convient vos qualités exceptionnelles, Yolande, vos vertus... vénérables.

LA BARONNE. Ne parlons donc pas de cela, je vous prie.

CÉLINE, *quittant la fenêtre.* Allons, mon oncle avait raison... il ne viendra pas... ce qui est peu flatteur pour moi, car enfin, s'il me connaît à peine, à défaut d'amour, ne devrait-il pas avoir au moins de la curiosité?

LA BARONNE, *vivement.* Je dirai plus... de la mémoire.

LE BARON, *surpris.* De la mémoire?

LA BARONNE, *à part.* Imprudente!

LE BARON. Y pensez-vous, Baronne? Lorsque pour obéir au vœu de son père, et aux volontés suprêmes de défunt votre frère, le jeune comte Didier de Varinville épousa notre nièce Céline... Il y a de cela dix ans, le Comte entrait dans son adolescence.

CÉLINE. Et moi, je n'étais qu'une enfant... mais je me souviens de toutes les circonstances de mon mariage.

* Céline, le Baron, la Baronne.

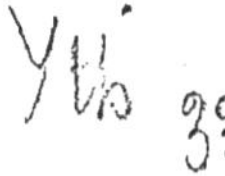

Air : *Jenny l'ouvrière.*

Vous le savez, j'avais huit ans à peine,
Quand on me fit sortir de mon couvent;
Et mon mari, beau page de la reine,
Bien jeune ainsi me regardait souvent,
Pourquoi cela ? je n'en sais rien encore :
Pour la serrer il prit cette main-là?
Pourquoi cela?.. mon oncle, je l'ignore,
Bien tendrement il m'embrassa.
De ce baiser je me souviens encore...
Pourquoi, pourquoi cela ?
Dites, pourquoi cela?

LE BARON. Pourquoi? pourquoi ?..

LA BARONNE. Il est certain que c'est un sot usage que celui de marier de pauvres enfants, sans savoir s'ils pourront se convenir... c'est vraiment très dangereux.

LE BARON. Je n'admets pas qu'il y ait de dangers en ménage quand un mari a de bons yeux, et qu'il sait manier une épée... par la mordieu ! (*Céline va regarder à la fenêtre.*)

LA BARONNE, *à part.* Il me fait frémir!

LE BARON.

Air du *Fleuve de la vie.*

Si ma tendresse était trompée,
Si pour ma femme un galant soupirait,
Pour le punir j'ai mon épée.

LA BARONNE.

Qu'est-ce qu'une épée y ferait?
On pourrait citer par douzaines,
Des héros dans le même cas.
Les lauriers n'en préservent pas
Les plus grands capitaines.

LE BARON. Baronne... devant votre nièce...

CÉLINE, *revenant.* Convenez au moins que la conduite de mon mari...

LE BARON. Un militaire ne s'appartient pas... la discipline, le service, les garnisons.

CÉLINE. Il paraît qu'il s'y plaît... dans ses garnisons.

LE BARON. Il ne faut pas le condamner sans l'entendre... et nous l'entendrons. Sachant qu'il se trouvait à Amiens, et connaissant son amour pour la chasse, je lui ai fait parvenir un avis mystérieux, pour l'inviter à se rendre à une grande partie, dans ce château de la Bretonnière, qu'il ne connaît pas même de nom... S'il tombe dans le piége, au lieu des amis qu'il attend, il trouvera un oncle, une tante tout prêts à lui tendre leurs bras...

LA BARONNE. Baron...

LE BARON. Et une petite femme charmante, toute disposée à lui faire les honneurs d'un gentil pavillon élevé discrètement au milieu de bosquets odorants, comme un temple à l'amour.

(*On entend en dehors un coup de fusil.*)

LA BARONNE. Ciel!

LE BARON. Quel est ce bruit?

LA BARONNE. Mon cœur bat d'une force!

CÉLINE. Si c'était?...

LE BARON. C'est lui... c'est le comte de Varinville, je n'en saurais douter.

CÉLINE. Oh! venez...

LA BARONNE, *à part.* Je me soutiens à peine.

ENSEMBLE.

Air de *la part du Diable.*

Venez, partons, / Allez, partez, suivez mes / ses pas,
Le comte nous / vous attend là-bas,
Surtout ne nous trahissons pas.
Pour que la fête
Soit complète
Jouissons de son embarras.
D'avance ne nous montrons pas,
Le bonheur que l'on n'attend pas,
Pour nous a toujours plus d'appas.

(*Le Baron et Céline sortent par le fond.*)

SCENE II.

LA BARONNE *seule.*

Non, je n'irai pas au devant de lui, sa présence me causerait un trouble... et pourtant quel est mon crime? Ce portrait que je destinais au baron mon mari... pourquoi le comte Didier de Varinville me l'a-t-il ravi le jour de son départ, il y a dix ans?... Qu'en a-t-il fait depuis? Vient-il me le rapporter? me compromettre?... sans doute il m'aimait... sans me l'avoir jamais dit... peut-être m'aime-t-il encore, peut-être... (*On entend un grand bruit au dehors.*) On vient... c'est lui sans doute... Oh! je ne veux pas m'offrir encore à ses yeux! (*Elle sort par la droite.*)

SCENE III.

HORACE, *seul.*

(*A peine la baronne est-elle sortie, que la fenêtre est poussée du dehors par quelqu'un qui l'escalade. C'est Horace dont la mise est un peu en désordre.*)

Ouf!... ne vous dérangez pas... je ne suis pas ce que vous croyez... j'ai un nom... une famille... Horace, chevalier de Bougival.. Oui, monsieur de Bougi... (*En prononçant ce mot, il est descendu de la fenêtre et est arrivé au milieu du salon,*) Tiens! il n'y a personne... J'en suis pour mes frais d'éloquence... bah!... je ne les regrette pas... Cet horrible manant qui me poursuivait, et sur lequel j'ai tiré sans l'atteindre, est sans doute encore là sous cette fenêtre, et ça lui fera croire que j'ai trouvé du renfort... (*Allant vers la fenêtre sans pourtant s'en approcher.*) Mais, meunier que vous êtes, il y a erreur... votre épouse est à mon égard de la plus complète indifférence... Il est vrai qu'en chassant dans le petit bois, j'ai vu la meunière du moulin à vent par derrière... les charmilles qui bordent la route, et que j'étais allé l'attendre sous l'aile de votre moulin ; mais savez-vous ce que j'y faisais, sous votre aile ?.. j'y faisais ce qu'on appelle vulgairement le pied de grue...

Air de *Don Quichotte.*

Perfide meunière !
Je croyais lui plaire,
Et l'on me préfère
Ce vil roturier !
Malheureux Horace !
Quoi! ta noble race
Aujourd'hui s'efface
Devant un meunier !..
Quoi, je ferais place
A ce roturier ?

Ah ! par la sambleu! cornes de bœuf ! ventre de biche !
Je ne puis souffrir un tel affront sans batailler, [riche,
Je suis bien en cour, je suis puissant, beau, noble et
Et, quand je le veux, je dois pouvoir m'encanailler.

J'attendais ma belle
Près de son moulin...
Je la vois, c'est elle...
Fortuné destin !
Mais à ma rencontre,
Voilà que soudain,
Le mari se montre
Avec un gourdin.
Chasseur qu'on renomme,
J'eusse été vainqueur;
Mais cet affreux homme
Chasse le chasseur...
Perfide meunière, etc.

Comment me débarrasser de ce gaillard-là... Si par hasard j'étais tombé chez un exempt de police... j'ai bien là dans mon portefeuille certaine lettre de cachet. (*Il a tiré un portefeuille où il prend une lettre.*) Diable! non, pas celle-ci ; je dois en avoir une autre en blanc... mon cousin germain le duc de Lavrillière m'en avait envoyé deux... Ah! la voilà : remettons l'autre dans mon portefeuille, elle a sa destination... Mais comment remplir celle-ci, je ne sais pas le nom de cet affreux meunier... (*S'approchant de la fenêtre.*) C'est qu'il est toujours là !...il a toujours le même argument à la main... je ne m'en laisserai pas toucher.

SCÈNE IV.

HORACE, LE BARON, CÉLINE, *puis* LA BARONNE.

CÉLINE, *en dehors.* J'en étais sûre, encore une fausse alerte.

HORACE. Diable ! quelqu'un !... serrons ma lettre de cachet. (*Il la met dans la poche de son gilet.*)

LE BARON, *paraissant au fond.* Que vois-je ? un chasseur !

CÉLINE, *qui le suit.* Ah ! mon Dieu !

LE BARON, *à Céline.* Plus de doute, ma ruse a réussi.

HORACE, *à part.* Comment me tirer de là ?

LE BARON. Enfin, nous vous tenons !

HORACE, *étonné.* Plaît-il ?

LE BARON. Ah! vous ne nous échapperez plus maintenant.

HORACE. Ah bah ! (*A part.*) Est-ce qu'ils ont aussi des arguments ?

LE BARON. Oui, oui, faites de grands yeux étonnés ; on vous a reconnu, monsieur le comte.

HORACE. Un comte !

LE BARON. Vous vous imaginiez venir en ce pays pour vous livrer au plaisir de la chasse.

HORACE. C'était en effet mon opinion.

LE BARON. J'en suis fâché pour vous, monsieur le capitaine d'Artois-cavalerie, mais vous êtes pris.

HORACE. Je suis pris... (*A part.*) Je suis pris pour un capitaine.

LE BARON. Allons, consolez-vous et tombez dans les bras de votre oncle.

HORACE. Mon oncle !

LA BARONNE, *qui vient de rentrer par la droite, elle reste au fond.*) C'est lui !..

LE BARON. Le baron de Castel-Sarrazin.

HORACE. De Castel-Sarrazin !

LE BARON. Ancien mestre-de-camp des armées de sa majesté Louis-le-Grand, et maintenant gouverneur de cette province... Ah ! ah ! vous commencez à comprendre, je le vois.

HORACE. Vous voyez ça. (*A part.*) Il est habile !

LA BARONNE, *à part.* Eh ! quoi ! c'est là ce joli page !... Comme il est changé !

CÉLINE, *à part.* Ah ! je le croyais plus beau.

LE BARON. Je ne puis vous en vouloir de ne pas nous reconnaître ; à votre âge, quand on n'a pas vu les gens depuis dix ans...

HORACE. En effet, quand on n'a pas vu les gens... il est assez difficile...

LE BARON, *apercevant la baronne.* Voyons, mettez-vous à votre aise, et embrassez votre tante *.

HORACE, *avec effroi, et se bornant à saluer la baronne.*) Ma tante !.. je demande auparavant à savoir où je suis.

LE BARON. Vous êtes ici dans mon nouveau domaine de la Bretonnière, où ce pavillon attenant au château vous a été spécialement réservé.

HORACE. Ce pavillon !... Ah ! merci ! merci !

CÉLINE, *à part.* Et ne pas seulement m'adresser un mot.

LE BARON **. Ce pauvre Comte ! il est tellement

* Le Baron, Horace, la Baronne, Céline.

** La Baaonne, Horace, Céline, le Baron.

troublé qu'il ne songe même pas à nous demander des nouvelles de sa Céline.

LA BARONNE, *à part*. Et des miennes !..

HORACE. De ma Céline ?... Si, fait, j'allais vous demander... (*A part.*) Ah ! j'ai une Céline !

LA BARONNE. Fi ! Monsieur, c'est affreux, une pareille indifférence !...

HORACE, *à part et regardant la baronne*. Est-ce que ce serait ma Céline ? Je trouve le logogryphe assez compliqué.

CÉLINE, *à part*. Je suis indignée !

LE BARON, *présentant Céline*. Il faut donc que ce soit moi qui vous présente madame la comtesse.

HORACE, *saluant*. Madame ! (*A part.*) Elle est charmante !..

CÉLINE, *saluant et à part*. Ah ! ce n'est pas celui que j'avais rêvé !

LE BARON, (*riant en voyant Horace saluer Céline.*) Ah ! ah ! ah ! c'est trop fort... entre mari et femme...

HORACE. Comment, dites-vous ?

LE BARON. Je dis que de mon temps on ne se contentait pas de saluer sa femme.

HORACE, *à part*. Ma femme !

LA BARONNE, *à part*. C'est peut-être ma présence qui l'arrête...

LE BARON. Comment, vous hésitez encore ?

HORACE. Du tout, je n'hésite plus... Ma femme... (*L'embrassant.*) Vous permettez ?

LE BARON. C'est si naturel !

HORACE. C'est même trop naturel... vous permettez ? (*Il veut encore l'embrasser.*)

CÉLINE, *s'y refusant*. Monsieur !...

HORACE. C'est juste... plus tard... (*A part.*) Ma femme !... le logogryphe s'améliore sensiblement.

LE BARON.

Air du *Piége*.

Eh bien ! la reconnaissez-vous ?
Ces dix ans l'ont-il embellie ?

HORACE.

On ne saurait avoir des yeux plus doux
Une figure plus jolie.

LE BARON.

Après dix ans, mon neveu, je conçois
L'émotion que sa beauté vous cause.

HORACE.

Je la verrais pour la première fois,
Que ce serait la même chose.

LE BARON *. Ah ça, mais, savez-vous que de votre côté vous nous avez surpris... nous ne vous attendions plus aujourd'hui... par où donc êtes-vous arrivé ?

HORACE, *à part*. Ah ! diable ! je ne puis pas leur dire que c'est par la fenêtre.

LE BARON. Nous avions posé des vedettes sur la route d'Amiens... vous vous êtes donc égaré ?.. car on sait de vos nouvelles, on sait que vous avez quitté votre garnison depuis deux jours.

HORACE. Ma garnison d'Amiens ?.. ah ! vous êtes bien instruit, vous... vous êtes perspicace, vous... on ne peut pas vous attraper, vous...

LE BARON, *avec importance*. Ah ! ah ! ah !

HORACE, *renchérissant*. Ah ! ah ! ah !

LE BARON. Enfin, comment vous trouvez-vous ici ?

HORACE. Pas mal !

LE BARON. Non, je vous demande comment vous vous y trouvez ?

HORACE. Très bien.

LE BARON. Ce n'est pas cela : comment y êtes-vous venu ?

HORACE. Ah ! bon !.. c'est un meunier qui m'a conduit... brave homme de meunier ! puisse le grand air ne te causer aucun rhume !

LE BARON. Un meunier ?

LA BARONNE, Mais, Baron, vous faites causer M. le Comte... peut-être a-t-il besoin de repos.

LE BARON. C'est vrai. (*Bas à Horace.*) Et puis après dix ans d'absence, quand on n'a vu sa femme qu'une seule fois... à l'autel de l'hyménée, on doit avoir tant choses à lui dire...

HORACE. Mais, oui, je crois que je ne serais pas fâché de lui dire quelques petites choses...

LE BARON. Nous allons vous laisser.

CÉLINE. Déjà, mon oncle... M. le Comte est venu si vite... il n'a peut-être rien pris ce soir ?

HORACE. Je dirai même que je n'ai rien pris depuis ce matin.

LE BARON. En vérité ! que ne parliez-vous ? Vous allez venir avec nous !

HORACE. S'il faut sortir, je vous avouerai que cela me gêne.

LE BARON. Je comprends... la fatigue... restez ici... reposez-vous...

HORACE. J'aime mieux ça !

LE BARON. Baronne, donnez des ordres pour le souper.

LA BARONNE. Dans l'instant...

CÉLINE, *vivement*. Ma tante, je vous accompagne.

HORACE, *galamment*. Comtesse, vous me quittez ?

CÉLINE, *saluant*. Pour m'occuper de vous, Monsieur...

LE BARON. Ils sont charmants ! (*Bas à Horace.*) Heureux coquin !

HORACE. Mais, oui !.. mais, oui !.. (*Le Baron remonte la scène en riant.*)

LA BARONNE, *s'approchant d'Horace, vivement et à voix basse*. Didier !

HORACE. Ah ! Didier !.. ah ! oui... chère tante ?

LA BARONNE, *de même*. Vous avez reçu ma lettre ?

HORACE. Votre lettre ?

LA BARONNE, *avec mystère*. Chut !

* La Baronne, Horace, le Baron, Céline.

LE BARON. Allons, Baronne... A bientôt, cher neveu!

ENSEMBLE.

Air de la *Favorite*. (2e acte.)

LA BARONNE, CÉLINE.

Enfin, le voilà,
D'où vient que, déjà,
Près de lui mon cœur
S'émeut de frayeur.

HORACE.

Enfin, me voilà
Sans crainte et, déjà,
Près d'elle mon cœur
S'émeut de bonheur.

LE BARON.

Enfin, le voilà,
Je le vois, déjà,
Près d'elle son cœur
S'émeut de bonheur.

(*Ils sortent par la droite.*)

SCÈNE V.

HORACE, *seul*.

Allons, allons, voilà une aventure qui ne commence pas mal... une jolie femme, un bon gîte, un bon souper; tout cela vaut infiniment mieux que la conversation du meunier.. Mais ce mari pour lequel on me prend, s'il allait arriver... Je ne suis pas heureux en fait de maris... c'est bien assez déjà de celui qui se promène sous cette fenêtre.. voyons donc s'il est encore là... (*Il remonte vers la fenêtre.*)

SCÈNE VI.

HORACE, DIDIER *.

DIDIER, *arrivant par le fond, vêtu en chasseur*. Comment? personne!... De par la sambleu, serait-ce une mystification?

HORACE, *à la fenêtre*. Il est toujours là... je voudrais pourtant bien m'en aller.

DIDIER, *l'apercevant*. Quelqu'un!... un confrère!... ah! ce n'est pas malheureux! Pardon, Monsieur.

HORACE, *vivement*. Hein?... plaît-il?...

DIDIER. Le château de la Bretonnière, s'il vous plaît?

HORACE. Que vois-je?

DIDIER. Se peut-il?

HORACE. Le comte!

DIDIER. Le chevalier!... Comment, c'est vous qui m'avez écrit?

HORACE. Moi!...

DIDIER. Et comment se porte la charmante Madame de Bougival?...

HORACE. Merci!... je la crois en bonne santé...

DIDIER. J'en suis ravi.

HORACE. J'enrage.

DIDIER. Mais le diable m'emporte si je me serais douté... A notre dernière entrevue, si j'ai bonne mémoire, nous étions assez mal ensemble... Vous souvenez-vous de certaines vétilles?..

HORACE. Oui, des soupçons... des soupçons injustes.

DIDIER. Vous étiez d'une jalousie...

HORACE. Qui n'avait pas le sens commun... Madame de Bougival m'en a donné la preuve.

DIDIER, *à part*. Pauvre chevalier! (*Haut.*) Ah! j'ai vu l'instant où la chose allait prendre un caractère d'hostilité... N'aviez-vous pas été jusqu'à solliciter en ma faveur certaine lettre de cachet?

HORACE. Que j'avais obtenue; elle est là, dans mon portefeuille.

DIDIER. Hein! plaît-il?... Monsieur de Bougival, me direz-vous ce que signifie ce rendez-vous de chasse, où vous m'attendez avec une lettre de cachet?

HORACE. Moi, par exemple!... je sais qu'Artémise est innocente, et je n'en veux plus à votre liberté.

DIDIER. Alors, c'est donc véritablement pour chasser que vous me faites venir à ce château de la Bretonnière?

HORACE. Moi, je vous fais venir? (*Comme frappé d'une idée.*) Ah!

DIDIER. Qu'avez-vous?

HORACE. J'y suis.

DIDIER. Quoi donc?

HORACE. Vous êtes le mari qu'on attend.

DIDIER. Hein? vous dites?...

HORACE, *riant*. Ah! ah! ah! ce pauvre comte... lui qui, je me le rappelle, fuyait sa femme par haine du mariage.

DIDIER. Si je la fuyais... mais j'espère bien la fuir toujours... une petite niaise qu'on m'a fait épouser à l'âge de huit ans... qui, depuis, n'a pas quitté sa province, dont elle aura pris tous les ridicules...

HORACE. Mais non, pas trop.

DIDIER. Comment?

HORACE. Je l'ai vue... Oh! c'est une histoire des *Mille et une Nuits*... J'étais à peine arrivé dans ce pavillon, par cette fenêtre, pour des motifs que je vous expliquerai, qu'un vieillard, suivi de son épouse, m'aperçoit, me saute au cou : c'est lui, dit-il, le voilà, il est pris au piége.

DIDIER. Pris au piége!

HORACE. Et alors j'apprends que le vieux est mon oncle, que la vieille est ma tante, et que j'ai épousé leur nièce il y a dix ans.

DIDIER. Il y a dix ans!

HORACE. Enfin que je suis ici chez le baron de Castel-Sarrazin.

* Horace, Didier.

DIDIER. Le baron de Castel... (*Se dirigeant vers la porte.*) Adieu, portez-vous bien...

HORACE. Vous me quittez?

DIDIER. Je me sauve!

HORACE. Où donc allez-vous?

DIDIER. Mes respects au baron.

HORACE. Mais il me prend pour vous.

DIDIER. Ne le détrompez pas... ne le détrompez que lorsque je serai bien loin.

HORACE. Mais votre femme?

DIDIER. Je vous la confie. (*Il sort.*)

HORACE. Il me confie sa femme... mais j'en abuserai... j'abuserai de sa confiance...

DIDIER, *rentrant**. Impossible de fuir, on vient de ce côté.

HORACE. Le baron sans doute.

DIDIER. Ah! cette fenêtre...

HORACE. Il va tomber sur mon meunier.

DIDIER, *enjambant la fenêtre.* Mais j'y pense... chevalier...

HORACE. Quoi donc?

DIDIER. Pour vous aider à remplir votre personnage... (*Il lui tend son portefeuille.*)

HORACE. Qu'est-ce que cela?

DIDIER. Mon portefeuille... donnez-moi le vôtre.

HORACE. Excellente idée. (*Ils échangent leurs portefeuilles.*)

LE BARON, *en dehors.* Venez donc, Baronne, venez donc...

HORACE. On vient, sauvez-vous!

DIDIER, *disparaissant.* Bravo! j'emporte la lettre de cachet.

HORACE, *à la fenêtre.* Ah! mon Dieu! on l'a vu... les gens du château accourent... le meunier l'arrête... Ma foi qu'ils s'arrangent...

SCÈNE VII.

HORACE, LE BARON, LA BARONNE, *puis* DOMINIQUE.

LE BARON **. Ne vous impatientez pas, mon neveu... ne vous impatientez pas... nous précédons votre souper.

LA BARONNE. Que j'ai surveillé moi-même.

LE BARON. Oui, la baronne a eu soin du solide.

LA BARONNE, *bas à Horace.* Mon portrait?

HORACE. Plaît-il?

LA BARONNE. Mon portrait, je vous en supplie!..

HORACE, *pendant que la Baronne remonte.* Elle veut que je lui fasse son portrait? Je n'avais pas prévu cet inconvénient. (*On entend du bruit dehors.*) Eh mais! ce bruit?

LE BARON. Qu'est-ce donc, Dominique?

DOMINIQUE, *qui entre.* Monsieur le baron, c'est un homme que l'on vient d'apercevoir escaladant cette fenêtre... heureusement, un paysan se trouvait là qui s'est opposé à sa fuite; le palefrenier, le cocher, le meunier, tout le monde s'est précipité sur lui, et voilà vos gens qui vous l'amènent.

LA BARONNE. Un malfaiteur, peut-être... Oh! mes nerfs sont dans un état...

DOMINIQUE. Le voilà!

HORACE, *apercevant le Comte.* Ciel!

SCENE VIII.

LES MÊMES, DIDIER, *amené par deux valets, un palefrenier et un meunier* *.

CHŒUR.

Air de la *Syrène.*

Qu'un arrêt sévère
Frappe un téméraire;
Que son châtiment
Punisse un tel égarement.

DIDIER, *se débattant.* Silence, canaille... je ne sais ce qui me retient...

HORACE, *à part.* Comment le faire échapper?.. Ah! j'y suis.

LE BARON. Nous direz-vous, Monsieur, comment il se fait?

HORACE, *allant à Didier* **. Eh! c'est ce cher ami... le... chevalier... Horace de Bougival.

DIDIER, *à part.* Bravo!..

LE BARON. De Bougi..

HORACE. Val. Un de mes bons amis.

DIDIER. Eh! c'est ce cher Didier de Varinville!..

LA BARONNE. Ils se connaissent.

HORACE. Qu'est-ce qu'on nous apprend, chevalier, vous escaladez les fenêtres, vous rossez nos gens.., Qu'est-ce que c'est donc que cette conduite-là? Hein, mon bon?

DIDIER. Eh! parbleu, cher comte, cela ne vaut pas la peine de faire tant de bruit... J'étais à la chasse, et j'avais perdu la trace d'un maudit sanglier... Or, en passant devant ce pavillon qui donne sur le parc, je m'avisai de grimper à cette fenêtre pour voir si, de loin, je n'apercevrais pas quelques traces... lorsqu'une espèce de meunier qui se trouvait là...

HORACE. Un meunier... Mais si ce manant vous a manqué, je suis d'avis qu'on le bâtonne... je ne serais pas fâché qu'on le bâtonnât...

LE BARON. Croyez, Monsieur, que je suis au désespoir. (*Aux valets.*) Sortez! (*A Didier.*) Veuillez excuser l'erreur de mes gens, monsieur le chevalier de... de...

HORACE. Bougival.

LE BARON. Attendez donc, je connais cela... famille du Poitou... Il y avait un Bougival dans la bouche du feu-roi.

* Didier, Horace.
** Le Baron, la Baronne, Horace.

* Le Baron, Didier, la Baronne, Horace.
** Le Baron, Didier, Horace, la Baronne.

HORACE. C'était mon... son grand-oncle.

DIDIER, *à part.* Ah! mon Dieu, est-ce qu'il va me prêter ses ancêtres?

LE BARON. C'est à moi de réparer la méprise dont vous avez été victime...

DIDIER. Pardon, mille pardons... mais on m'attend... des compagnons de chasse que mon absence pourrait inquiéter.

LE BARON. Ah! quel dommage! Nous aurions essayé de vous rendre agréable le séjour du château.

LA BARONNE. J'aurais fait voir à monsieur le chevalier les fleurs de mon parterre.

DIDIER. N'en ai-je pas vu déjà la plus majestueuse?

LA BARONNE, *à part.* Qu'il est aimable!

DIDIER, *à part.* Qu'elle est vieille!

LE BARON, *à part.* C'est un damoret... (*Haut.*) Monsieur n'est pas au service?

HORACE. Si fait! Nous servons dans le même corps.

DIDIER, *à part.* Sous les drapeaux de sa femme.

LE BARON. Cela redouble mes regrets... Pendant que mon neveu eût été tout à sa jeune épouse, nous aurions pu causer stratégie, art militaire; car vous n'ignorez pas, monsieur le chevalier, que le baron de Castel-Sarrazin a eu l'honneur de servir sous le maréchal de Villars, en qualité de mestre-de-camp... J'étais à Denain, Monsieur, j'ai vu de près M. de Malborough dans les Pays-Bas...

DIDIER. Je vous en fais mon compliment.

LE BARON. Mais M. Malborough est mort.

DIDIER. C'est vraiment dommage.

LE BARON. Je vous aurais merveilleusement intéressé, Monsieur.

DIDIER. Je n'en doute pas, monsieur le baron... (*A part.*) Comme je l'échappe belle!

HORACE. Allons, mon cher, puisque vous ne voulez pas absolument que je vous présente à ma femme...

DIDIER. Je suis vraiment désolé de n'avoir pas cet honneur... mais je m'en console en emportant le souvenir de l'accueil chevaleresque de M. le baron de Castel-Sarrazin, et surtout des grâces incomparables de madame la Baronne. (*Il les salue tour à tour, et dit à part, en regardant la Baronne.*) Je préfère son portrait.

LE BARON, *à part, avec un peu de jalousie.* Décidément, je ne suis pas fâché qu'il s'éloigne.

LA BARONNE, *à part.* Ce jeune homme s'exprime avec un charme!

HORACE. Sans adieu... Horace...

DIDIER. Au revoir, Didier... (*A part.*) Si l'on m'y reprend jamais...

SCÈNE IX.

LES MÊMES, CÉLINE, *puis* DOMINIQUE *et* DEUX VALETS.

CÉLINE, *accourant de la droite.* Mon oncle... je *...

DIDIER, *à part.* Oh! la charmante personne!

LA BARONNE. Arrivez donc, ma nièce, venez recevoir les salutations de M. le chevalier de Bougival, un ami de votre mari.

DIDIER. Comment... Madame serait la comtesse de Varinville?

HORACE **. Oui, mon très cher, c'est elle-même. Adieu! et bonne nuit!

DIDIER, *à part, le quittant et redescendant la scène.* Mais c'est impossible!... cette petite pensionnaire si sotte et si gauche!

LE BARON. Qu'avez-vous donc?

DIDIER. Pardon, mille fois pardon... mais je m'attendais si peu...

HORACE, *à part.* Est-ce qu'il va tomber amoureux de ma femme... (*Haut.*) Mon cher ami, les routes ne sont pas sûres, vos amis vous attendent, nous n'aurons pas l'indiscrétion de vous retenir.

DIDIER. Oh! mes amis peuvent se consoler de mon absence... et, comme vous dites, les routes ne sont pas sûres.

HORACE. Oh! pour un militaire...

CÉLINE. Ah! Monsieur est militaire aussi, comme...

DIDIER. Comme votre mari... oui, Madame... lui et moi, c'est tout un... Aussi j'ai regret à le quitter, et, toutes réflexions faites, mes amis auront cessé de m'attendre. Ma foi, monsieur le baron, je cède à vos pressantes sollicitations, et, sans cérémonie, j'accepte votre généreuse hospitalité.

HORACE. Hein!.. (*A part.*) Quel est son projet?

LE BARON, *à part.* Serait-il épris des charmes de ma femme?

LA BARONNE, *à Dominique, qui entre suivi de deux valets portant une table servie, avec deux girandoles.*) Dominique!... vite un couvert de plus.

DIDIER, *à part.* Dominique!.. un ancien domestique de mon père.

LE BARON. A table, Messieurs!

TOUS. A table.

ENSEMBLE.

Air de *Clarisse Harlowe.*

Quel repas aimable!
Célébrons à table,
Avec gaieté,
L'hospitalité.

(*Ils s'asseyent* ***.)

DIDIER. Certes, monsieur le baron, je ne m'at-

* La Baronne, le Baron, Didier, Céline, Horace.
** La Baronne, le Baron, Didier, Horace, Céline.
*** Horace, Céline, le Baron, la Baronne, Didier.

tendais pas à souper ce soir avec des hôtes si aimables... ce que je vois dépasse tellement mes prévisions... (*A Céline.*) Tant de grâces, de charmes... (*Au Baron.*) tant de noblesse...

LE BARON, *à Horace.* Mon neveu, c'est votre faute.

HORACE. A moi?

LE BARON. Oui, par la mordieu! Vous aviez tant de préventions contre nous! Je suis sûr que vous nous avez représentés à vos amis sous les couleurs les plus ridicules...

DIDIER. C'est vrai!

LE BARON. Comment, il aurait osé...

HORACE. Que dit-il donc?

LA BARONNE. Il se serait permis?..

HORACE. Mais non, mais non.

DIDIER. Il ne vous connaissait pas, Madame.

LA BARONNE. Il ne me... (*A part.*) L'infâme!... aurait-il abusé de mon portrait?

LE BARON. Corbleu! monsieur le Comte, une telle conduite...

HORACE. Eh bien! oui, là, j'ai eu tort... mais faut-il m'en vouloir?.. j'avais à peine quatorze ans quand je suis parti...

LE BARON. Vous en aviez quinze, Monsieur!

HORACE. En avais-je quinze?... allons, je le veux bien.

CÉLINE. Est-ce une excuse?... Quand un mari a de fâcheuses préventions, devrait-il attendre dix ans pour éclaircir ses doutes, pour réformer quelques-unes de ses erreurs...

DIDIER. Oh! il est bien coupable.

HORACE. Il l'est énormément...

DIDIER. Mais à quinze ans pouvait-il apprécier tant de charmes, tant de beauté... A cet âge, le cœur ne parle pas encore, et l'imagination va si vite... On rêve la gloire, le plaisir, la liberté...

Air de l'*Extase*. (Doche.)

Trop jeune encor pour être épris de vous,
Lorsqu'il forma les liens les plus doux,
On le vit bien longtemps et vous fuir et vous craindre.
Mais en vous revoyant, le remords dut l'atteindre,
Et, loin de le punir, vous devriez le plaindre,
Pour les jours de bonheur qu'il perdit loin de vous.

LE BARON. Bien, très bien!

CÉLINE, *à part.* Quelle différence!..

LE BARON. Voilà ce que vous auriez dû dire, mon neveu.

HORACE. Je le pensais, mon oncle; je vous jure que j'étais en train de le penser... mais, il est tard, Horace, il est très tard.

DIDIER, *se levant.* Jamais trop tard pour apprendre à M. le Baron, à madame la Comtesse, la ruse ridicule dont ils allaient être victimes.

TOUS. Une ruse!

HORACE. Que signifie?

DIDIER. Allons, M. le chevalier, c'est assez prolonger une mauvaise plaisanterie... reprenez votre nom, et rendez-moi le mien...

TOUS, *se levant, sans quitter la table.* O ciel!

HORACE. Qu'est-ce à dire? qu'est-ce à dire?

DIDIER. Oui, mon oncle, oui, Madame, le comte Didier de Varinville, c'est moi.

LE BARON. Vous?

CÉLINE, *à part, avec joie.* Mon mari!

LA BARONNE, *à part.* A la bonne heure!

HORACE, *à part.* Et je me laisserais battre comme un sot, mettre à la porte comme un niais.

LE BARON. On aurait osé se jouer à ce point du baron de Castel-Sarrazin... (*A Horace.*) Parlez, Monsieur, et malheur à qui... (*Il va pour quitter la table.*)

HORACE. Arrêtez!.. (*A part.*) Tout le monde se met contre moi... (*Allant se rasseoir à la table.*) Je reste!..

LE BARON. Eh bien! que faites-vous donc?

HORACE. Ne vous dérangez donc pas... je vous prie.

LE BARON. Mais, Monsieur...

HORACE. Ne voyez-vous pas que c'est une plaisanterie.

TOUS. Une plaisanterie! (*On se rasseoit.*)

HORACE. Et c'est au moment où je me dévoue pour lui, pour le tirer des mains de vos valets... Ah! Chevalier, Chevalier... passez-moi la charlotte russe...

DIDIER, *à part.* Ah! nous continuons la plaisanterie?

LE BARON. Je n'y comprends plus rien du tout... Messieurs, quel est ici le mystificateur, et de qui se moque-t-on?

HORACE. Rien de plus facile à découvrir...

LE BARON. Je veux avoir des preuves...

HORACE. Des papiers, par exemple?..

DIDIER, *à part.* Aïe! aïe!

HORACE. Monsieur le Baron, voici mon portefeuille.

LE BARON, *ouvrant le portefeuille.* Voyons, si mon invitation se trouve... justemnent, voici un paquet de lettres... mais je n'ai pas mes lunettes... Céline, vois donc un peu si tu reconnaîtras...

DIDIER, *à part.* Heureux hasard! je respire!

CÉLINE, *qui a jeté les yeux sur le paquet de lettres.* Que vois-je!.. « Lettres de mes maîtresses. »

LE BARON ET LA BARONNE. De ses maîtresses!

HORACE. Ah bah!..

LA BARONNE, *à part.* Je vais me trouver mal.

(*On se lève; les valets emportent la table et posent les girandoles sur la cheminée.*)

LE BARON [*]. Monsieur le Comte, une pareille conduite...

CÉLINE. Ah! c'est affreux!

[*] Horace, le Baron, Didier, la Baronne, Céline.

DIDIER. Ce n'est peut-être pas tout encore... voyez donc, monsieur le Baron...

LE BARON. En effet, ce portefeuille semble renfermer... Que vois-je! un portrait!..

TOUS. Un portrait!

LA BARONNE, *à part*. Je m'évanouis!

LE BARON. Enfer!.. celui de la Baronne.

HORACE. De la Baronne!.. je m'en vais.

LE BARON. Restez!

ENSEMBLE.

Air de *Mademoiselle de Choisy*.

CÉLINE, LE BARON.

Me faire une telle injure,
Un aussi terrible / sanglant affront.
Ah! ç'en est trop, et je jure,
De punir sa trahison.

HORACE.

Quelle terrible aventure!
Rendez-vous à la raison,
Je n'ai jamais, je le jure,
Fait aucune trahison.

DIDIER.

Quelle charmante aventure!
Le diable est dans la maison.
Le Chevalier, je le jure,
Doit en perdre la raison.

LE BARON, *agitant une sonnette et s'adressant à Dominique qui rentre avec les deux valets.*

Qu'on emporte la Baronne!
Beau neveu, demain matin
Je vous attends en personne
Sous les murs de ce jardin.

(*Les domestiques emportent la Baronne.*)

CÉLINE.

Mon oncle, chez moi je m'enferme,
Car j'aurais trop à rougir.

(*Elle jette le paquet de lettres aux pieds d'Horace.*)

DIDIER.

Cher Comte, allez, tenez ferme;
Bonne nuit, bien du plaisir.

REPRISE DE L'ENSEMBLE.

Me faire une telle injure, etc.
Ah! la terrible aventure, etc.

(*Céline et Didier sortent, Didier par le fond, Céline par la chambre de gauche. Les valets ont emporté la Baronne évanouie dans son fauteuil. Le Baron sort le dernier par la droite, ainsi que la Baronne.*)

SCÈNE X.

HORACE, *seul.*

Allez tous au diable! Maudit portefeuille, fatale boîte de Pandore, d'où j'ai vu sortir tous les maux. (*Il fait un pas et trébuche.*) Qu'est-ce que c'est que ça? (*Ramassant le paquet de lettres jeté par Céline.*) Ah! ces lettres! ces affreuses lettres... quelle fatuité! lettres de maîtresses! Si je pouvais le compromettre près de quelque mari, me venger par ce moyen-là même, dont il a tiré parti contre moi?.. voyons. (*Ouvrant les lettres et lisant les signatures.*) Clara Mousseline... Nata Niouki... c'est une Chinoise... (*Ouvrant une autre lettre.*) Grand Dieu! signé Artémise!.. l'écriture de ma femme!.. Ah! je ne sais ce que j'éprouve... un éblouissement... Je vois comme des paillettes.. (*Furieux.*) Des paillettes, ça! allons donc, ce sont d'affreuses pattes de mouches; mais lisons... lisons! « Mon chéri » c'est lui qu'elle appelle... Oh! (*Il chiffonne la lettre.*) « Venez ce soir à « l'heure accoutumée, je serai débarrassée de mon « nigaud de mari... » Son nigaud de... Par la sambleu! Corbleu! Morbleu!..

Air de *Renaud de Montauban*.

Et j'allais fuir... moi, fuir... sans me venger,
Lorsque sa femme est aujourd'hui la mienne;
Quand je la tiens, quand je puis exiger.
Ce qu'à tout prix il faudra que j'obtienne.
C'est dans mon bien que je rentre aujourd'hui,
Personne ici ne peut me le défendre...
Ce que chez moi le comte est venu prendre,
Je vais le reprendre chez lui.

Mais il faudrait un moyen ingénieux. (*Il va s'asseoir à droite.*)

SCENE XI.

HORACE, DIDIER *.

DIDIER, *paraissant au fond et à la cantonnade.* Merci, je n'oublierai pas ce service...

HORACE, *cherchant.* Si... Oh! non... autre chose...

DIDIER. Cet excellent Dominique... il ne m'avait point oublié, et grâce à cette clé qu'il me remet...

HORACE, *se levant.* Ah! je le tiens!

DIDIER, *l'apercevant.* Horace!

HORACE. Je le tiens!

DIDIER. Que tenez-vous?

HORACE, *l'apercevant à son tour.* Encore lui!

DIDIER. Pardon, mille pardons, je vous dérange, n'est-ce pas?

HORACE. Ah çà! mais...

DIDIER. Vous m'avez déclaré la guerre... très bien... mais je suis un ennemi généreux, et je viens vous prévenir que dans un quart d'heure, vous serez arrêté...

HORACE. Arrêté!

DIDIER. Pour être conduit à la Bastille.

HORACE. Moi, à la Bastille, et en vertu de quel ordre?

* Horace, Didier.

DIDIER. En vertu de certaine lettre de cachet, que moi, Horace de Bougival, j'avais dans mon portefeuille.

HORACE, *à part*. Ah ! grand Dieu !

DIDIER. Je l'ai remise à un exempt qui sera ici dans un quart-d'heure... Oh ! elle est parfaitement en règle.

HORACE, *à part*. Je le sais parbleu bien !

DIDIER. Ordre d'arrêter en tout lieu et à quelque heure que ce soit, le comte Didier de Varinville.

HORACE. Mais le comte Didier de Varinville, c'est vous.

DIDIER. Allons donc ! vous savez bien que nous avons changé de nom, de portefeuille, de femme... Je ne me plains pas, ça me va très bien... vous êtes le comte de Varinville... moi, je suis le chevalier de Bougival, et le chevalier de Bougival fait arrêter le comte de Varinville, c'est juste, c'est légal, pas un mot à dire... bon voyage, mon cher, et ne vous ennuyez pas trop là-bas...

HORACE, *à part*. Oh ! quelle idée, ma lettre en blanc. (*Il tire la lettre de sa veste et va s'asseoir à la table.*) Ah ! parbleu ! c'est un coup de maître !

DIDIER. Que fait-il ?

HORACE. Ne faites pas attention, mon bon. (*Lisant.*) « Ordre d'arrêter en tout lieu et à quelque « heure que ce soit, (*Ecrivant.*) le chevalier Ho- « race de Bougival. »

DIDIER. Eh quoi ! Encore une lettre de cachet !

HORACE, *allant à lui*. Le chevalier de Bougival qui se trouvait être vous, faisait arrêter le comte de Varinville qui se trouvait être moi. Le comte de Varinville. qui est moi, fait arrêter le chevalier de Bougival qui est vous... c'est bien, c'est juste, c'est légal ; pas un mot à dire, vous en êtes convenu vous-même.

DIDIER. Nous continuons la plaisanterie...

HORACE. Nous la continuons... mais ce n'est pas une raison pour envahir mon domicile conjugal. (*Il sonne.*)

DIDIER. C'est juste et je pars...

DOMINIQUE, *entrant*. Monsieur a sonné ?

HORACE. Cette lettre à un exempt de police, et qu'il vienne sur-le-champ,

DOMINIQUE. Oui, Monsieur.

DIDIER, *à part*. Diable ! il faut jouer serré.

DOMINIQUE. J'avais aussi à prévenir Monsieur le comte, que M. le Baron le fait mander dans son cabinet.

HORACE, *à part*. Othello veut me voir... (*Haut.*) Eh bien ! oui, je m'y rends dans son cabinet. Allons, cher comte...

DIDIER. Allons.

HORACE.

Air du *Marquis de Lauzun*.

Je suis dans ma famille,
Et j'agis sans façons.

DIDIER.

Demain, à la Bastille
Nous nous retrouverons.

ENSEMBLE.

Demain, à la Bastille,
Nous nous retrouverons.

HORACE, *à part*.

Près du Baron il faut que j'intercède
A la prison j'échapperai.

DIDIER, *à part*.

Grâce à la clé que je possède,
Ici bientôt je reviendrai.

ENSEMBLE.

DIDIER.

Oui, dans votre famille,
Agissez sans façon.
Demain, à la Bastille,
Nous nous retrouverons.

HORACE.

Je suis dans, etc.

(*Didier sort par le fond et Horace par la droite après avoir fermé la porte du fond à la clé.*)

SCÈNE XII.

CÉLINE, *seule, sortant de la chambre à gauche.*

Mon Dieu ! pourquoi me suis-je approchée de cette porte ?... Nous nous reverrons demain à la Bastille, disaient-ils... Mon mari à la Bastille !... Mon mari... lequel est-ce des deux ?... c'est bien embarrassant.

Air : *A ton regard si tendre.* (Arnaud.)

Qui faut-il que j'écoute ?
Dans un semblable doute,
Pour me montrer la route,
Qui donc me guidera ?
J'ai peu d'expérience :
Quand ma raison balance,
Mon cœur se trompera.
Oui,
Mon cœur se trompera.
L'un paraît plus sincère,
Et j'en dois être fière,
A toutes il sut plaire...
Je ne sais pas pourquoi...
Pour séduire, peut être,
C'est ainsi qu'il faut être ;
Les autres, je le croi,
Le savaient mieux que moi...
Et cependant je doute !
Qui faut-il que j'écoute ?
Pour me montrer la route,
Qui donc me guidera ?
J'ai peu d'expérience :
Quand ma raison balance,
Mon cœur se trompera.

SCÈNE XIII.

DIDIER, CÉLINE.

DIDIER, *ouvrant avec précaution la porte du fond.*) Bienheureuse clé... (*Apercevant Céline.*) Ciel!

CÉLINE, *voulant se sauver*. Lui * !

DIDIER. Un mot de grâce!

CÉLINE. Eh quoi, Monsieur, vous osez encore...

DIDIER. Vous supplier de m'entendre...

CÉLINE. Mon mari, Monsieur, qu'avez-vous fait de mon mari?

DIDIER. Vous me le demandez, Madame?... Vous intéressez-vous encore à un homme que sa conduite passée rend indigne, je ne dirai pas de votre amour, mais de votre pitié; un homme qui vous a trahie, abandonnée...

CÉLINE. Il me connaissait si peu...

DIDIER. Et sans vous connaître, il vous abandonnait...

CÉLINE. Que de maris font le contraire...

DIDIER. Mais ces amours de garnison, ces lettres...

CÉLINE. Tenez, Monsieur, n'ajoutez plus un mot... il est quelque chose de plus affreux que l'inconstance d'un époux, c'est la trahison d'un ami. Oui, tout à l'heure encore, seule ici, me souvenant de son abandon, indignée de son indifférence, oui, je l'avoue, j'avais peine à concevoir l'amour qu'il inspirait à tant de femmes; mais maintenant que non content de l'avoir fait arrêter, vous venez encore insulter à son malheur, eh bien! je crois que je commence à faire comme tout le monde; je l'aime, oui, Monsieur, j'aime mon mari, je pardonne au comte de Varinville.

DIDIER, *se jetant à ses pieds*. Vous l'aimez, vous lui pardonnez... Ah! je suis trop heureux... chère Céline.

CÉLINE. Que faites-vous donc?

DIDIER. Oh! vous ne savez pas quel prix j'attache à ce pardon.

CÉLINE. Vous, Monsieur?

DIDIER. Moi, votre époux!

CÉLINE. Encore cette ruse indigne.

DIDIER. Eh! quoi, ces dix années d'absence ont donc changé mes traits comme elles ont embelli les vôtres?

CÉLINE. Vous êtes le comte de Varinville, et vous livrez à la justice une lettre de cachet portant ce nom?

DIDIER. Il fallait vous revoir à tout prix, il fallait surtout empêcher le chevalier de profiter des avantages que lui avait donnés ma sottise; mais cette lettre de cachet qui demain pouvait me faire enfermer moi-même, je ne m'en suis pas dessaisi... la voilà. (*Il tire la lettre de cachet du portefeuille de Bougival et remet dans sa poche le portefeuille vide.*)

CÉLINE. Mais comment se trouve-t-elle entre vos mains?

DIDIER. Parce que ce portefeuille... Mais non, tenez, vous ne pourriez comprendre... Cherchons plutôt dans les souvenirs du passé... J'avais quinze ans, je sortais des pages, quand le baron de Castel-Sarrazin m'annonça que j'allais unir ma destinée à celle d'une jeune fille, d'une enfant qui ce jour-là quittait son couvent pour y rentrer le soir même. (*Geste de Céline.*) Mon Dieu! je sais bien qu'on aurait pu me raconter tout cela... mais peut-être est-il quelque autre circonstance...

CÉLINE. Mon costume, par exemple?

DIDIER. Ah! votre costume... une robe de satin blanc, un long voile qui vous enveloppait tout entière, le bouquet, la couronne, et puis une rivière en diamans... Je me souviens qu'à l'église, et pendant qu'on nous unissait, ces diamans occupaient seuls votre attention. Moi, j'avais quitté le costume de page et j'avais endossé l'uniforme que, huit jours après, je devais porter à Fontenoy.

CÉLINE, *à part*. C'est étrange, et je commence à craindre...

DIDIER. Je sais bien que ce ne sont pas là des preuves, mais en cherchant encore...

ENSEMBLE.

Air de *la Chambre verte*. (Doche.)

Ah! cherchons, cherchons bien!
Il doit être un moyen
De connaître aujourd'hui
Quel est votre mari.
Lequel est mon mari.

DIDIER, *prenant la main de Céline.*
Ah! j'ai pressé votre main dans la mienne.

CÉLINE.
Oui, c'est cela!

DIDIER.
Tenez, comme aujourd'hui.

CÉLINE.
Oui, c'est cela!

DIDIER.
Je la serrais à peine...
Vous rougissiez!...

CÉLINE, *à elle-même.*
Si c'était mon mari?

ENSEMBLE.

Ah! cherchons, etc.

DIDIER, *plus pressant.*
Puis un baiser, mais un baiser de flamme!

CÉLINE.
Oui, c'est cela!

DIDIER, *l'embrassant.*
Semblable à celui-ci...

CÉLINE, *très émue.*
Oui, c'est cela!

DIDIER.
De grâce encor, Madame,

* Céline, Didier.

Souvenez-vous !...

CÉLINE, *le regardant avec expression.*

Si c'était mon mari !

ENSEMBLE.

Ah! cherchons, etc.

DIDIER, *voulant encore l'embrasser.* Vous me reconnaissez, enfin...

CÉLINE. Un instant, Monsieur, tant que je n'aurai pas la preuve.

DIDIER. Mon Dieu ! cette preuve, j'ai bien un moyen de vous la donner, mais il faudrait que quelqu'un pût me seconder.

CÉLINE. Quelqu'un, dites-vous?

SCÈNE XIV.

LES MÊMES, DOMINIQUE.

DIDIER, *l'apercevant.* Dominique ! c'est le ciel qui l'envoie.

DOMINIQUE. Pardon, Madame, je venais dire à Monsieur le comte que l'exempt de police sera ici dans cinq minutes ; je lui ai rémis la lettre de cachet.

DIDIER. A merveille ! Maintenant, Monsieur Dominique, deux mots, s'il vous plaît.

DOMINIQUE. A vos ordres, Monsieur.

(*Didier conduit Dominique au fond et lui parle à voix basse.*)

CÉLINE, *à elle-même.* Encore du mystère ! et personne pour me dire lequel est mon époux? je voudrais pourtant bien être fixée.

DIDIER, *à Dominique.* Vous m'avez entendu, il y aura dix louis pour vous, si vous me secondez avec intelligence.

DOMINIQUE. Je ferai de mon mieux. (*Il salue et sort.*)

CÉLINE, *à Didier.* Eh bien! Monsieur, cette preuve?

DIDIER. Apprenez... Silence, le Baron.

SCÈNE XV.

LES MÊMES, *moins Dominique*, LE BARON, LA BARONNE, HORACE*.

(*Le Baron tient à la main le portrait de la Baronne, et Horace le portefeuille que lui a rendu le Baron.*)

LE BARON. Mais venez donc, Baronne, venez donc, et levez la tête. Que diable ! une espiéglerie n'est pas un crime, et ce portrait vous a complétement justifiée.

HORACE. Sans doute ; je suis le seul coupable.

LE BARON. Certes, vous avez eu grand tort d'enlever ce portrait, qui m'était destiné, ainsi que l'atteste ce double fond : (*Lisant.*) Donné par Yolande à Jean-Boniface baron de Castel-Sarrazin, le jour de sa fête.

CÉLINE, *à part.* Mon Dieu, que signifie?...

LE BARON. Certes, sans cette preuve de l'innocence d'Yolande... une réparation terrible...

HORACE. Oui, Yolande avait besoin de réparation ; mais son innocence est prouvée, n'en parlons plus.

LE BARON. Vous avez raison ; un soin plus important... (*Apercevant Didier.*) Monsieur le chevalier, mon neveu m'a fait connaître le danger que vous couriez tous deux. Croyez-moi, fuyez avant qu'on ne vous arrête...

DIDIER. Merci, mille fois merci, monsieur le baron, mais je voudrais profiter de votre offre généreuse que je ne le pourrais pas.

LE BARON. Comment?

DIDIER, *d'un air tragique.* C'est un aveu bien pénible que celui que je vais être obligé de faire... je sens qu'il me couvre de ridicule, mais cet aveu sera ma justification... Je le dois à l'hospitalité que j'ai reçue dans ce château... je le dois à Madame. . à Madame surtout... Veuillez prendre place.

HORACE, *à part.* Que va-t-il dire ?

LE BARON, *après s'être assis, ainsi que les autres personnages.* Expliquez-vous, chevalier.

DIDIER, *seul debout.* Monsieur le baron, je suis marié.

TOUS. Marié !

DIDIER. A une femme jeune et belle, plus riche et plus noble que moi ; une femme qui tient entre ses mains mon avenir tout entier.

HORACE, *à part.* Que signifie ?

DIDIER. Je ne vous parlerai pas des premiers temps de notre mariage, du bonheur que je goûtai près d'Artémise.

HORACE. Artémise !..

DIDIER. Monsieur le comte, veuillez ne pas m'interrompre.

LE BARON. Taisez-vous, mon neveu.

LA BARONNE. Oui, taisez-vous. (*A part.*) C'est plein d'intérêt.

DIDIER. Ce bonheur ne devait durer qu'un instant... Il y avait trois mois que nous étions mariés, la lune de miel était dans son plein, quand le régiment d'Artois-cavalerie vint tenir garnison dans notre petite ville... Pour mon malheur, ce régiment comptait au nombre de ses officiers le comte Didier de Varinville.

HORACE, *à part.* Mais c'est mon histoire, qu'il raconte là.

DIDIER. Pour mon malheur encore, ce fut chez moi qu'il vint loger...

HORACE. Un instant, je ne puis permettre..

LA BARONNE. Taisez-vous donc, mon neveu.

LE BARON. Mais, mordieu ! taisez-vous, mon neveu, vous êtes insupportable !

* Céline, Didier, le Baron, la Baronne, Horace.

DIDIER. Mais, pourquoi m'appesantir sur de tristes détails; la rougeur de mon front doit vous apprendre le reste.

CÉLINE, *à Horace.* Ah! Monsieur, Monsieur.

LE BARON *à Horace.* Ah! Comte! Comte!..

LA BARONNE, *à Horace.* Ah! mon neveu! mon neveu!...

HORACE, *à part.* Ah! mais ils m'agacent... Je suis agacé!

LE BARON, *se levant.* Je vous comprends, Monsieur le chevalier... c'est une réparation qu'il vous faut; donnez votre heure; choisissez votre arme, mon neveu est à vos ordres. (*Tout le monde se lève.*)

HORACE, *à part.* Un duel encore!... mais je suis donc dans un coupe-gorge?...

DIDIER.

Air : *Aux temps heureux de la chevalerie.*

Par un duel, venger un tel outrage!
(Regardant Céline.)
Je l'avouerai, j'avais espéré mieux,
Mais Varinville avait seul en partage
Reçu le don de plaire à tous les yeux,
Pour me venger, il eût fallu peut-être
M'y prendre mieux, prendre un autre moyen.

CÉLINE, *à part.*

C'est singulier, pourtant sans m'y connaître
Il m'a semblé qu'il s'y prenait très bien.
Oui, tout à l'heure, ici, sans m'y connaître
Il m'a semblé qu'il s'y prenait très bien.

LE BARON. Alors, Chevalier, si vous ne voulez pas d'un duel, que voulez-vous donc?

DIDIER. Vous informer que madame de Bougival, en apprenant que le comte de Varinville venait au château de la Bretonnière a tout quitté pour le suivre.

HORACE. Juste Ciel!

DIDIER. Serments, devoirs, pudeur, elle a tout oublié, et d'un moment à l'autre...

SCENE XVI.

LES MÊMES, DOMINIQUE.

DOMINIQUE, *entrant.* Madame Artémise de Bougival.

HORACE, *avec explosion.* Ma femme!

LE BARON. Hein?

TOUS. Sa femme!

HORACE *. Faites attendre. Pour Dieu, n'ouvrez pas; faites attendre.

LE BARON. Que signifie?...

HORACE. Grâce, monsieur le baron; pardon, monsieur le comte; mais il est trop vrai, des intérêts immenses... Comte, reprenez votre portefeuille, faites ce que vous voudrez... (*Ils échangent leurs portefeuilles.*)

* Céline, Didier, Horace, le Baron, la Baronne.

DIDIER. Vous en avez assez... allons... à la bonne heure!

CÉLINE, *regardant Didier.* C'était lui.

DOMINIQUE, *rentrant et s'adressant à Horace.* Monsieur, l'exempt que vous avez fait demander.

HORACE. L'exempt!...

SCÈNE XVII.

LES MÊMES, UN EXEMPT, *et* DEUX GARDES.

L'EXEMPT. Monsieur le chevalier Horace de Bougival.

TOUS, *désignant Horace.* Le voici!

HORACE. Oui! c'est moi, je vous suivrai, mais pas devant ma femme... Monsieur le baron, de grâce, n'auriez-vous pas quelque escalier dérobé?

DIDIER, *à Horace.* C'est inutile, Artémise n'a jamais quitté Amiens.

HORACE. C'était un piége!

DIDIER. Et vous y êtes tombé... Monsieur l'exempt faites votre devoir...

HORACE, *furieux.* Eh bien! oui. (*Désignant Didier.*) Monsieur est le comte Didier de Varinville, faites votre devoir.

L'EXEMPT, *à Horace.* Alors, suivez-moi.

HORACE. Non, c'est pas ça... c'est-à-dire, oui, mais, vous savez bien, l'autre lettre de cachet... c'est pour Monsieur...

L'EXEMPT. Quelle autre lettre de cachet?..

DIDIER, *lui montrant la lettre.* Ah! Chevalier, voici ce que j'ai trouvé dans votre portefeuille... cela devient inutile, n'est-ce pas? (*Il déchire la lettre.*)

HORACE, *se précipitant.* Arrêt... (*S'arrêtant accablé devant les morceaux de la lettre.*) Ah!.. (*A l'exempt.*) Allons à la Bastille...

LE BARON. Bon voyage, Chevalier.

DIDIER. Désespéré de ne pouvoir vous accompagner... Amusez-vous bien.

HORACE, *avec un cri de désespoir.* Et c'est moi qui me suis fait arrêter!.. on n'est pas bête comme ça.

(*Didier prend le bras de Céline, et le Baron celui de la Baronne. L'exempt fait signe à Horace de le suivre*.*)

ENSEMBLE.

Air de *Gastibelza.*

Adieu donc, / Venez donc, c'est la nuit,
Rendez-vous / Rendons-nous à la Bastille,
Nous restons / Laissons-les en famille,

* Céline, Didier, Horace, la Baronne, le Baron.

Vous, mon cher, partez sans bruit.
Nous, Monsieur, partons sans bruit.

LE BARON.

A la loi, la raison
Ici s'unit à merveille.

HORACE.

Là, pour eux l'amour veille,
Quand moi je couche en prison.

REPRISE.

Adieu donc, etc.

(Pendant la reprise les domestiques allument des bougeoirs qu'ils donnent au Baron et à Didier, prêt à rentrer chez eux avec leurs femmes, tandis que les gardes s'approchent d'Horace pour l'emmener à la Bastille. La toile baisse.)

FIN.

IMPRIMERIE HYDRAULIQUE DE GIROUX ET VIALAT, A LAGNY.

EN VENTE, CHEZ LE MÊME ÉDITEUR :

Les Circonstances atténuantes. 40
La Chasse aux Vautours. 40
Les Batignollaises. 40
Une Femme sous les Scellés. 40
Les Aides de Camp. 50
Le Mari à l'essai. 50
Chez un Garçon. 40
Jaket's-Club. 40
Mérovée. 50
Les deux Couronnes. 60
Au Croissant d'Argent. 50
Le Château de la Roche-Noire. 40
Mon illustre Ami. 40
Le premier Chapitre. 50
Talma en congé. 40
L'Omelette Fantastique. 50
La Dragonne. 50
La Sœur de la Reine. 60
La Vendetta. 50
Le Poète. 50
La Maîtresse anonyme. 50
Les Informations conjugales. 50
Le Loup dans la Bergerie. 50
L'Hôtel de Rambouillet. 60
Les deux Impératrices. 60
La Caisse d'épargne. 60
Thomas le Rageur. 50
Derrière l'Alcôve. 40
La Villa Duflot. 50
Péroline. 50
La Femme à la Mode. 40
Les Egarements d'une Canne et d'un Parapluie. 60
Les deux Anes. 50
Foliquet, coiffeur de Dames. 50
L'Anneau d'Argent. 40
Recette contre l'Embonpoint. 50
Don Pasquale. 40
Mademoiselle Déjazet au Sérail. 40
Touboulic le Cruel. 40
Hermance. 60
Les Canuts. 50
Entre Ciel et Terre. 40
La Fille de Figaro. 60
Métier et Quenouille. 50
Angélique et Médor. 50
Loïsa. 60
Jocrisse en famille. 40
L'autre Part du Diable. 50
La Chasse aux Belles Filles. 60
La Salle d'Armes. 40
Une Femme compromise. 60
Patineau. 50
Madame Roland. 60
L'Esclave de Camoëns. 50
Les Réparations. 50
Mariage du Gamin de Paris. 50
Veille du Mariage. 40
Paris bloqué. 60
Un Ménage Parisien. 1 »
La Bonbonnière. 50
Adrien. 50
Pierre le millionnaire. 60
Carlo et Carlin. 60
Le Moyen le plus sûr. 50
Le Papillon Jaune et Bleu. 50
Polka en Province. 50

Une Séparation. 40
Le roi Dagobert. 60
Frère Galfâtre. 60
Nicaise à Paris. 40
Le Troubadour-Omnibus. 50
Un Mystère. 60
Le Billet de faire-part. 60
Pulcinella. 60
Fiorina. 60
La Sainte-Cécile. 60
Follette. 50
Deux Filles à marier. 50
Monseigneur. 60
A la Belle Etoile. 40
Un Ange tutélaire. 50
Un Jour de Liberté. 60
Wallace. 60
L'Ecolier d'Oxford. 40
L'Oiseau du Bocage. 40
Paris à tous les Diables. 60
Une Averse. 50
Madame de Cérigny. 60
Le Fiacre et le Parapluie. 50
Morale en action. 50
Liberté Libertas. 50
L'Ile du Prince Toutou. 40
Mimi Pinson. 40
L'Article 170. 50
Les deux Viveurs. 60
Les deux Pierrots. 50
Seigneur des Broussailles. 50
Un Poisson d'Avril. 50
Deux Tambours. 50
Constant la Girouette. 40
L'Amour dans tous les Quartiers. 60
Madame Bugolin. 50
Petit Poucet. 60
Camoëns. 60
Escadron Volant. 50
Le Lansquenet. 50
Une Voix. 50
Agnès Bernau. 60
Amours de M. Denis. 50
Porthos. 50
La Pèche aux Beaux-Pères. 60
Révolte des Marmousets. 40
Le Troisième Mari. 50
Un premier Souper. 50
L'Homme et la Mode. 60
Une Confidence. 60
Le Ménétrier. 60
L'Almanach des 25,000 adresses. 60
Une Histoire de Voleurs. 50
Les Murs ont des oreilles. 60
L'Enseignement Mutuel. 60
La Charbonnière. 60
Le Code des Femmes. 50
On demande des Professeurs. 50
Le Pot aux Roses. 50
La Grande et les Petites Bourses. 50
L'Enfant de la Maison. 50
Riche d'Amour. 60
La Comtesse de Morangos. 60
L'Amazone. 50
La Gloire et le Pot-au-Feu. 50

Les Pommes de terre malades. 60
Le Marchand de Marrons. 60
V'là ce qui vient d' paraître. 60
La Loi salique. 60
Voyage au Ciel. 50
L'Eau et le Feu. 50
Beaugaillard. 50
Mardi gras. 40
Le Retour du Conscrit. 40
Le Mari perdu. 60
Dieux de l'Olympe. 60
Le Carillon de Saint-Mandé. 50
Geneviève. 60
Mademoiselle ma Femme. 50
Mal du pays. 50
Mort civilement. 50
Veuve de quinze ans. 50
Garde-Malade. 50
Fruit défendu. 40
Un Cœur de Grand'Mère. 50
Nouvelle Clarisse. 60
Place Ventadour. 60
Nicolas Poulet. 50
Roch et Luc. 50
La Protégée sans le savoir. 60
Une Fille Terrible. 50
La Planète à Paris. 50
L'Homme qui se cherche. 50
Maître Jean, ou la Comédie à la Cour. 60
Ne touchez pas à la Reine. 1 »
Une année à Paris. 60
Amour et Biberon. 50
En Carnaval. 50
Bal et Bastringue. 50
Un Bouillon d'onze heures. 40
Cour de Biberack. 50
D'Aranda. 60
Partie à trois. 50
Une Femme qui se jette par la fenêtre. 60
Avocat pédicure. 50
Trois Paysans. 50
Chasse aux Jobards. 50
Mademoiselle Grabutot. 50
Père d'occasion. 50
Croquignole. 50
Henriette et Charlot. 50
Le chevalier de Saint-Remy. 60
Malheureux comme un Nègre. 50
Un Vœu de jeunes Filles. 50
Secours contre l'Incendie. 50
Chapeau gris. 50
Sans Dot. 50
La Syrène du Luxembourg. 50
Homme Sanguin. 50
La Fille obéissante. 50
O'uéa. 50
La Croisée de Berthe. 50
La Filleule à Nicot. 50
Les Charpentiers. 50
Mademoiselle Faribole. 50
Un Cheveu Blond. 50
La Recherche de l'Inconnu. 60
Les Impressions de ménage. 50
L'Homme aux 160 millions. 60
Pierrot Posthume. 50
La Déesse. 60

Une Existence décolorée. 50
Elle..... ou la Mort! 50
Didier l'honnête homme. 60
L'Enfant de quelqu'un. 60
Les Chroniques bretonnes. 50
Haydée ou le Secret. 1 »
L'Art de ne pas donner d'Etrennes. 50
Le Puff. 1 »
La Tireuse de Cartes. 50
La Nuit de Noël. 1 »
Christophe le Cordier. 50
La Rose de Provins. 50
Les Barricades de 1848. 40
34 Francs! ou sinon!... 50
La Fille du Matelot. 60
Les deux Pommades. 40
La Femme blasée. 50
Les Filles de la Liberté. 50
Hercule Belhomme. 60
Don Quichotte. 50
L'académicien de Pontoise. 50
Ah! Enfin! 50
La Marquise d'Aubray. 60
Le Gentilhomme campagnard. 50
Les Peureux. 40
Le Chevalier de Beauvoisin. 50
Le Gentilhomme de 1847. 60
La Rue Quincampoix. 60
L'Ange de ma Tante. 50
La République de Platon. 50
Le Club Champenois. 50
Le Club des Maris. 50
Oscar XXVIII. 60
Une Chaîne Anglaise. 60
Un Petit de la Mobile. 60
Hisoire de rire. 50
Les 20 sous de Périnette. 40
Le Serpent de la Paroisse. 50
Agénor le Dangereux. 60
L'Avenir dans le Passé. 50
Roger Bontemps. 50
L'Eté de la Saint-Martin. 50
Jeanne la Folle. 1 »
Les suites d'un Feu d'Artifice. 50
O Amitié!... ou les trois Epoques. 60
La Propriété c'est le Vol. 60
La Poule aux Œufs d'Or. 50
Elevés ensemble. 50
L'Hôtellerie de Genève. 60
A bas la Famille ou les Banquets. 50
Daniel. 1 »
Jacques Mangers ou les Contrebandiers du Jura. 50
Le Voyage de Nannette. 50
Titine à la Cour. 50

En vente, chez le même Editeur :

THÉATRE COMPLET DE MADAME ANCELOT

QUATRE VOLUMES IN-8

Superbe édition ornée de vingt gravures sur bois par M. Raffet

Et de vingt têtes d'expression lithographiées

LES DESSINS SONT DE MADAME ANCELOT.

PRIX : 20 FRANCS.

Lagny, imp. de Giroux et Vialat.

www.ingramcontent.com/pod-product-compliance
Lightning Source LLC
LaVergne TN
LVHW020508230826
846091LV00008BA/3405

9782011901019